BEI GRIN MACHT SICH IH.
WISSEN BEZAHLT

- Wir veröffentlichen Ihre Hausarbeit,
  Bachelor- und Masterarbeit

- Ihr eigenes eBook und Buch -
  weltweit in allen wichtigen Shops

- Verdienen Sie an jedem Verkauf

Jetzt bei www.GRIN.com hochladen
und kostenlos publizieren

Kerim Galal

Digital Rights Management

GRIN Verlag

Bibliografische Information der Deutschen Nationalbibliothek:

Die Deutsche Bibliothek verzeichnet diese Publikation in der Deutschen National-
bibliografie; detaillierte bibliografische Daten sind im Internet über http://dnb.d-
nb.de/ abrufbar.

Impressum:

Copyright © 2004 GRIN Verlag GmbH
Druck und Bindung: Books on Demand GmbH, Norderstedt Germany
ISBN: 978-3-656-24743-2

Dieses Buch bei GRIN:

http://www.grin.com/de/e-book/40456/digital-rights-management

GRIN - Your knowledge has value

Der GRIN Verlag publiziert seit 1998 wissenschaftliche Arbeiten von Studenten, Hochschullehrern und anderen Akademikern als eBook und gedrucktes Buch. Die Verlagswebsite www.grin.com ist die ideale Plattform zur Veröffentlichung von Hausarbeiten, Abschlussarbeiten, wissenschaftlichen Aufsätzen, Dissertationen und Fachbüchern.

Besuchen Sie uns im Internet:

http://www.grin.com/

http://www.facebook.com/grincom

http://www.twitter.com/grin_com

Thema:

Digital Rights Management

Ausarbeitung
im Rahmen des Seminars zur Entscheidungslehre:
Codierung und Kryptographie

im Fachgebiet Wirtschaftsinformatik
am Lehrstuhl für Quantitative Methoden

vorgelegt von: Kerim Galal

Abgabetermin: 2004-06-07

Inhaltsverzeichnis

Abbildungsverzeichnis

Abkürzungsverzeichnis

Abb.	Abbildung
DRM	Digital Rights Management
E-Commerce	Electronic Commerce
et al.	et alii
EU	Europäische Union
ID	Identifikation
PC	Personal Computer
S.	Seite
TCPA	Trusted Computing Platform Alliance
TPM	Trusted Platform Modul
UrhG	Urheberrechtsgesetz
vgl.	vergleiche
WIPO	World Intellectual Property Organization

1 Einleitung

Jährlich entstehen Medien- und Softwarekonzernen aufgrund illegaler Kopien ihrer Produkte Umsatzeinbußen in Milliardenhöhe. Die im heutigen Informationszeitalter vorherrschenden digitalen Technologien ermöglichen es Raubkopierern, mit geringem finanziellem und zeitlichem Aufwand Kopien digitaler Inhalte zu erstellen. Aufgrund der enormen Verbreitung von Computern in privaten Haushalten und der Tatsache, dass die erstellten Kopien nicht mit Qualitätsverlusten behaftet sind, fand eine Verschiebung der Reproduktionsaktivitäten statt. Nicht mehr die Anbieter digitaler Inhalte, sondern die Konsumenten selbst vervielfältigen mithilfe einfach zu bedienender, technischer Mittel die Originale.

Die leichte Reproduzierbarkeit digitaler Inhalte und die technisch ausgefeilten Möglichkeiten der Verbreitung haben die Diskussion um den Schutz und die Verwaltung digitaler Rechte angeheizt. Unternehmen verschiedener Branchen, wie z.B. Hardwarehersteller, Vertreter der Unterhaltungsindustrie bis hin zu Verwertungsgesellschaften zeigen ein gesteigertes Interesse an Digital Rights Management. Digital Rights Management soll die automatisierte Bestellung und Auslieferung digitaler Inhalte ermöglichen und zugleich dem Rechteinhaber Kontrolle über die Nutzung seiner Inhalte gewähren. Die Unternehmen aller Interessengruppen hoffen durch eine konsequente Umsetzung der digitalen Rechteverwaltung steigende Umsätze zu erzielen.

Die Zielsetzung der vorliegenden Arbeit besteht darin, Digital Rights Management hinsichtlich unterschiedlicher Aspekte zu untersuchen. Die Grundlagen für ein harmonisches Zusammenspiel der drei Säulen des Digital Rights Managements, die technischen, ökonomischen und juristischen Aspekte, sollen näher beleuchtet werden.

Dazu wird in Kapitel 2 zunächst das terminologische Grundgerüst definiert. Darauf aufbauend werden neben den Akteuren die Funktionen und Ziele des Digital Rights Management vorgestellt. Daran schließt in Kapitel 3 eine differenzierte Betrachtung der drei Säulen des Digital Rights Managements an. Zunächst werden die technologischen Komponenten eines Digital Rights Management-Systems untersucht. Im weiteren Verlauf befasst sich das Kapitel mit den ökonomischen und juristischen Aspekten. Abschließend werden in Kapitel 4 der Arbeit zwei Umsetzungen der digitalen Rechteverwaltung kritisch vorgestellt.

2 Grundlagen des Digital Rights Management

2.1 Begriffsdefinition

Das folgende Kapitel behandelt die Frage, was unter dem Begriff Digital Rights Management zu verstehen ist. Es soll einen Überblick über die Vielzahl der in einschlägiger Literatur verwendeten Definitionen geben. Bisher existiert keine übereinstimmende Meinung unter den Experten, wie der Begriff Digital Rights Management zu verwenden ist.

BECHTHOLD definiert Digital Rights Management-Systeme als elektronische Vertriebssysteme für digitale Inhalte. Digital Rights Management-Systeme ermöglichen den Rechteinhabern an digitalen Inhalten einen sicheren Vertrieb zu berechtigten Nutzern und zugleich die umfassende Kontrolle des Vertriebsvorganges.[1] Unter digitalen Inhalten sind urheberrechtlich geschützte immaterielle Vermögensgegenstände wie z.B. Musik-, Film- und Sprachwerke zu verstehen.

HAUSER versteht Digital Rights Management schlicht als die formulierten Bedingungen, unter denen Kunden digitale Dateien wiedergeben dürfen.[2] Nach Auffassung des Autors stellen Digital Rights Management-Systeme Mechanismen zum Schutz und zur Durchsetzung der Nutzungsbedingungen des Anbieters zur Verfügung. Im Gegensatz zu BECHTHOLD spricht HAUSER von digitalen Dateien und nicht von digitalen Inhalten. Eine ähnliche Begriffserklärung findet sich auch bei anderen Autoren, die Digital Rights Management als eine Server Software beschreiben, die entwickelt wurde, um eine sichere Übertragung bezahlter Inhalte über das Internet zu gewährleisten bzw. illegale Distribution zu verhindern.[3]

RUMP ist der Meinung, dass der Begriff Digital Rights Management weiter zu fassen ist, als durch die oben genannten Autoren dargestellt. Der Autor liefert eine generische Definition, die alle Schritte während eines Distributionsprozesses von digitalen Inhalten umfasst. Für RUMP beinhaltet Digital Rights Management die Beschreibung, die Identifikation, den Handel, den Schutz, die Kontrolle und die Zurückverfolgung aller Verwendungsmöglichkeiten sowohl von materiellen als auch von immateriellen Vermögensgegenständen.[4] Die Funktionen des Digital Rights Managements können in zwei

---

[1]   Vgl. Bechtold (2001), S. 2.
[2]   Vgl. Hauser (2003), S. 234.
[3]   Vgl. o. V., whatis.com (2004).
[4]   Vgl. Rump (2003), S. 4.

Gruppen untergliedert werden. Die eine fokussiert das Management der digitalen Rechte, während die andere die Durchsetzung der Rechte behandelt.

Für die vorliegende Arbeit wird die Definition von RUMP zugrunde gelegt, da diese am ehesten den vielfältigen Aufgabentypen des Digital Rights Management Rechnung trägt. Im Folgenden wird noch gezeigt werden, dass Digital Rights Management ein weites Feld ist, dass von einer Vielfalt von Faktoren geprägt ist und daher eine eingeschränkte Sichtweise wie beispielsweise die von HAUSER beschriebenen Nutzungsbedingungen nicht genügen kann.

2.2   Akteure, Funktionen und Ziele des Digital Rights Managements

Die Akteure im Digital Rights Management können entlang der Wertschöpfungskette[5] der Medienbranche angeordnet werden.[6] Diese verfolgen zum Teil konkurrierende Interessen.

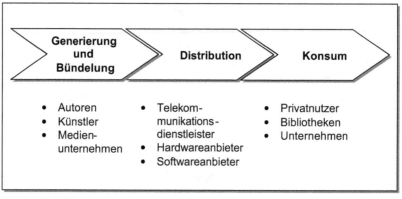

Quelle: Vgl. Fränkl, Karpf (2004), S.28.

Abb. 2.1:   Akteure im Digital Rights Management

Zum einen gibt es die Seite der Generierung und Bündelung von Inhalten. Dazu gehören die Autoren und Künstler, die neue Inhalte generieren und die Medienunternehmen, deren vorrangige Aufgabe in der Bündelung der erstellten Inhalte besteht. Zum anderen gibt es die Seite der Distribution, die meist von Service Providern durchgeführt wird.

---

[5]   Die Akteure werden hier am Beispiel der Medienbranche dargestellt.
[6]   Vgl. hier und im Folgenden, Fränkl, Karpf (2004), S. 27ff.

Dazu sind u. a. Telekommunikationsdienstleister zu zählen, die den Zugang zu Kommunikationsnetzen anbieten. Des Weiteren schaffen Hard- und Softwarehersteller durch die Entwicklung von Endgeräten die Basis zur digitalen Distribution und schließlich für den Konsum der Inhalte. Am Ende der Wertschöpfungskette stehen die Nutzer der Inhalte. Dazu gehören neben Privatnutzern und Unternehmen auch Bibliotheken und andere öffentliche Institutionen. Die verschiedenen Akteure bilden mit ihren unterschiedlichen Interessen das Spannungsfeld des Digital Rights Managements.

Die Funktionen des Digital Rights Managements sind sehr vielfältig und können wie von RUMP dargestellt in zwei Gruppen unterteilt werden.[7] Die erste Gruppe von Funktionen, die unter dem Stichwort *Management von digitalen Rechten* zusammengefasst werden kann, beinhaltet vier Aufgaben. Zunächst muss der Rechteinhaber die ihm gehörenden und zu vertreibenden Inhalte identifizieren. In einem weiteren Schritt gilt es Metadaten über die Inhalte zusammenzutragen, anhand derer der potenzielle Kunde die von ihm gesuchten Inhalte seinerseits identifizieren kann. Um erfolgreich die Distribution der Inhalte zu betreiben, besteht die Bedingung, dass der Rechteinhaber in der Lage ist seine Rechte geltend zu machen. Die Entwicklung neuer Business Modelle komplettiert die Funktionen des Managements digitaler Rechte.

Die zweite Gruppe der Funktionen des Digital Rights Managements befasst sich mit der *Durchsetzung der Rechte an digitalen Inhalten*. Es handelt sich hierbei vornehmlich um Funktionen, die die Verwertungsrechte der Rechteinhaber sichern und durchsetzen. Diese Funktionen stellen das allgemeine Verständnis von Digital Rights Management dar, so wie es von einigen Autoren definiert wird. Dabei stehen die Technologien, die eine Umsetzung des Digital Rights Managements ermöglichen im Vordergrund.

Vor allem die Unterhaltungsindustrie setzt große Hoffnungen in das Digital Rights Management. Die Medienhäuser bauen darauf, den Kampf gegen illegale Downloads und Raubkopierer mit Hilfe von Digital Rights Management-Systemen erfolgreich aufnehmen zu können. Jährlich werden in etwa 133 Millionen CD-Rohlinge mit Musik beschrieben und ca. 316 Millionen Musik-Files aus dem Internet heruntergeladen. Das führt zu Umsatzeinbußen von bis zu 1,7 Milliarden Euro und lässt die enorme Größenordnung und Tragweite des Problems erkennen.[8] Die digitale Verwaltung der Nutzungsrechte soll den Unternehmen die Kontrolle über die Inhalte selbst dann sichern, wenn sie bereits auf den Festplatten der Kunden liegen.[9] Es soll sowohl eine Zugangs- als auch eine Nutzungskontrolle gewährleistet sein. Somit wird sichergestellt, dass nur Be-

---

[7] Vgl. hier und im Folgenden, Rump (2003), S. 4ff.
[8] Vgl. Spiesecke (2002), S. 87.
[9] Vgl. Günnewig, Hauser (2002), S. 182.

rechtigte Zugang zu den digitalen Inhalten haben. Zudem wird die je nach Art des Geschäftsabschlusses eingeschränkte Nutzung im Sinne des Rechteinhabers kontrolliert. Neben diesem Ziel soll Digital Rights Management die vollautomatische Bestellung und Auslieferung digitaler Inhalte ermöglichen. Der vollständige Prozess der Transaktion umfasst auch integrierte E-Commerce-Systeme und elektronische Zahlungssysteme. Entsprechend dem jeweils betriebenen Geschäftsmodell liefert der Rechteinhaber die Inhalte, verlangt ein Entgelt, das online transferiert wird und behält sich aber gleichzeitig das Recht vor, weiterhin sowohl die Nutzung als auch die Verbreitung dieser zu kontrollieren. Die technische Unterstützung dieses Konzeptes liefert ein Digital Rights Management-System. So kann ein Anbieter beispielsweise technisch verhindern, dass ein Musikstück mehr als dreimal abgespielt wird.[10] Ein weiteres Ziel ist der Schutz der Authentizität und Integrität. Ein umfangreiches Sicherheitskonzept soll sicherstellen, dass die in ein Digital Rights Management-System übertragenen Inhalte nicht von Angreifern modifiziert bzw. die Nutzungsbeschränkungen nicht umgangen werden können. Des Weiteren muss gewährleistet sein, dass die Inhalte tatsächlich von der Instanz stammen, die als Urheber der Inhalte ausgegeben wird.[11] Ein weiterer wesentlicher Punkt, der zur Abschreckung von Raubkopierern dienen soll, ist die Möglichkeit, mit Hilfe von Digital Rights Management Systemen Urheberrechtsverletzungen aufzudecken. Das erklärte Ziel ist es, den Straftäter eindeutig und im juristischen Sinne zweifelsfrei zu identifizieren und in der Folge strafrechtlich zu belangen.

Digital Rights Management ist, wie von RUMP beschrieben, ein sehr weit reichendes Feld mit zahlreichen Einflussfaktoren, die den Aufbau eines Systems determinieren[12] Es bestehen eine Vielzahl von Beziehungen zwischen dem Umfeld und den Faktoren eines Digital Rights Management-Systems. So ist der Einsatz der technischen Komponenten eines Systems durch das vom Rechteinhaber bzw. dessen Service Provider betriebene Geschäftsmodell bedingt. Die gewählte Art des Vertriebes der digitalen Inhalte bestimmt die Zusammenstellung der Technologien des Systems. Ihrerseits sind sowohl das Geschäftsmodell als auch die verwendeten Technologien des Digital Rights Managements von den vorhandenen rechtlichen Rahmenbedingungen determiniert. Die bestehende Rechtslage des Geschäftsumfeldes schränkt die Möglichkeiten des Geschäftsmodells, welches mit Hilfe der Technologien umgesetzt werden soll ein. Im Folgenden werden die drei Säulen des Digital Rights Management expliziert.

---

[10] Vgl. Günnewig, Hauser (2002), S. 182.
[11] Vgl. Bechtold (2001), S. 75.
[12] Vgl. hier und im Folgenden Rump (2003), S. 5.

3 Die Säulen des Digital Rights Managements

3.1 Technischer Aspekt

3.1.1 Komponenten eines Digital Rights Management-Systems

Digital Rights Management-Systeme bestehen aus mehreren eigenständigen Technologien, die auf eine intelligente Art und Weise so miteinander kombiniert und verknüpft werden, dass sie das komplette erwünschte Spektrum an Funktionen und Zielen abdecken.[13] Dabei besteht die größte Schwierigkeit darin, die einzelnen Komponenten aufeinander abzustimmen und zu einem System zu integrieren. Die Zusammenstellung des Systems hängt maßgeblich von dem zum Einsatz kommenden Geschäftsmodell des Anbieters ab. Im Folgenden werden nun einige der im Rahmen des Digital Rights Managements eingesetzten Technologien kurz beschrieben und ihre Aufgaben innerhalb des Systems erläutert.

Verschlüsselung

Ein wesentliches Ziel von Digital Rights Management-Systemen ist die sichere Übertragung der digitalen Inhalte vom Anbieter zum Nutzer. Ziel der sicheren Übertragung ist es zu verhindern, dass die Inhalte Unberechtigten in die Hände fallen. Der unberechtigte Zugang kann zu einer unerlaubten Nutzung oder schlimmsten Falls zu einer Modifizierung bzw. Fälschung der Inhalte führen. Hier werden verschiedene Formen der Verschlüsselung zum Einsatz gebracht, die unberechtigten Zugang und unerlaubte Nutzung verhindern sollen. Vollkommene Sicherheit kann meist nicht gewährleistet werden. Daher ist es das Ziel, passable Fälschungen so kostspielig werden zu lassen, dass der Nutzen der Kopie den Aufwand nicht mehr wert ist.[14] Mit Verschlüsselungstechniken können digitale Inhalte so modifiziert werden, dass sie ohne den entsprechenden Schlüssel zur Dekodierung für den Nutzer unbrauchbar sind. Selbst wenn der verschlüsselte Inhalt kopiert werden kann ist er ohne den vom Digital Rights Management-System erworbenen Schlüssel nutzlos.[15] Insofern ist gewährleistet, dass ein potentieller Nutzer für den Zugang und die Nutzung der Inhalte über die Serviceprovider dem Urheber ein Entgelt zukommen lassen muss.

---

[13] Vgl. Fränkl, Karpf (2004), S. 35.
[14] Vgl. Smith (1998), S. 21.
[15] Vgl. Bechtold (2001), S. 23.

Grundsätzlich lassen sich die *symmetrischen* von den *asymmetrischen* Verschlüsselungsverfahren unterscheiden. Verwendet ein Digital Rights Management-System eine *symmetrische* Verschlüsselung, so verschlüsselt der Anbieter seine digitalen Inhalte und überträgt diese zusammen mit dem verwendeten Schlüssel zum Nutzer. Dieser wiederum entschlüsselt die digitalen Inhalte mit dem gleichen, erhaltenen Schlüssel, um die Inhalte nutzen zu können. Dies impliziert, dass die Übertragung des Schlüssels vom Anbieter an den Nutzer besonders geschützt werden muss und ist daher mit erheblichem Aufwand verbunden. Darin liegt auch der große Nachteil dieses Verfahrens begründet, denn falls es einem Angreifer gelingt, die Übertragung des Schlüssels abzuhören bzw. diesen zu knacken, stehen ihm alle Systeme die mit dem Schlüssel arbeiten, offen.

Dieser Gefahr begegnen die *asymmetrischen* Verfahren mit der Verwendung zweier unterschiedlicher Schlüssel. Einer der beiden Schlüssel ist nur dem Nutzer bekannt, der private Schlüssel, während der zweite Schlüssel öffentlich verfügbar ist.[16] Der öffentliche Schlüssel wird vom Anbieter der Inhalte zur Verschlüsselung eingesetzt und die verschlüsselten Inhalte werden dem Nutzer übertragen. Die kodierten Inhalte kann der Empfänger nun nur mit dem dazugehörigen privaten Schlüssel dekodieren, der sich ausschließlich in seinem Besitz befindet. Wichtig bei der asymmetrischen Verschlüsselung ist die Garantie, dass von dem öffentlichen nicht auf den privaten Schlüssel geschlossen werden kann. Dieses Verfahren ist im Vergleich zu den symmetrischen Verfahren sehr sicher, da der öffentliche Schlüssel meist aus Primzahlen generiert wird und über eine Modulo-Berechnung der private Schlüssel ermittelt wird. Da eine Faktorisierung des öffentlichen Schlüssels nach heutigem Erkenntnisstand der einzige Weg eines Angreifers ist und dieser sehr rechenintensiv ist, besteht mit heutigen Mitteln nicht die Möglichkeit dieses Verfahren zu umgehen. Der Rechenaufwand einer Faktorisierung steigt mit zunehmender Schlüssellänge exponentiell, somit ist es mit heutigen Rechenkapazitäten faktisch unmöglich, diese Form der Berechnung durchzuführen.[17]

Die asymmetrischen Verfahren bergen allerdings auch Nachteile. Es bedarf beispielsweise eines frei zugänglichen Verzeichnisses, welches die verwendeten öffentlichen Schlüssel zur Verfügung stellt. Ein weiterer Nachteil sind die hohen Anforderungen, die das Verfahren an die Rechenkapazitäten stellt. Die Entschlüsselung ist wesentlich langsamer als die der symmetrischen Verfahren. Für die Unterhaltungsindustrie scheidet dieses Verfahren aus zwei Gründen aus. Zum einen wegen des enormen Aufwandes bei der Verschlüsselung mit den nutzerspezifischen, öffentlichen Schlüsseln und zum anderen wegen der begrenzten Rechenkapazitäten.

---

[16] Oft finden auch die englischen Entsprechungen der Begriffe, private und public key Verwendung.
[17] Vgl. Bechtold (2001), S. 24.

Eine hybride Form der Verschlüsselung besteht in der Kombination der beiden vorgestellten Verfahren. Der zu versendende digitale Inhalt wird mit einem symmetrischen Schlüssel kodiert. Der nun dem Nutzer zu übertragende Schlüssel wird seinerseits mit einem asymmetrischen Verfahren kodiert. Hierbei wird enorm an der erforderlichen Rechenkapazität gespart, denn der Verschlüsselungsaufwand eines symmetrischen Schlüssels ist weitaus geringer als z.B. der einer Musikdatei.

Da mit der Entschlüsselung der digitalen Inhalte dem Nutzer diese nun ungeschützt vor Weitergabe oder Raubkopien vorliegen, verwenden viele Digital Rights Management-Systeme *Digitale Container*[18]. Die Besonderheit dieses Verfahrens liegt darin, dass nicht nur die Übertragung der Inhalte verschlüsselt ist, sondern auch deren Nutzung. Die Inhalte werden dem Nutzer verschlüsselt in einer Art virtuellem Container übertragen und bleiben auch im Endgerät des Nutzers grundsätzlich verschlüsselt. Nur falls der Konsument entsprechend berechtigt ist, werden die Inhalte von einer speziellen, durch den Anbieter lizenzierten, Soft- oder Hardware entschlüsselt. Erfolgt eine Weitergabe der Inhalte an Dritte, liegen diese wiederum nur in kodierter Form vor. Dieses Konzept der Digitalen Container ermöglicht es, die digitalen Inhalte in vielen Stadien des Digital Rights Managements in verschlüsseltem Zustand zu bewahren.[19] Diese Sonderform der Verschlüsselung ist ein wichtiger Bestandteil vieler Digital Rights Management-Systeme.

Eine weitere Form der Verschlüsselung stellen *Digitale Signaturen* dar. Das Verfahren beruht auf den asymmetrischen Verschlüsselungen, jedoch in umgekehrter Reihenfolge. Hierbei stehen vor allem die Authentizität und die Integrität der digitalen Inhalte im Mittelpunkt. Mittels einer Hashfunktion wird vom Anbieter eine eindeutige Kurzfassung des zu übertragenden Inhaltes erstellt[20], mit dem privaten Schlüssel verschlüsselt und an den Originalinhalt angehängt. Die Integrität des Inhaltes kann dann unter Zuhilfenahme des öffentlichen Schlüssels überprüft werden, indem die mitgelieferte Kurzfassung entschlüsselt wird. Anschließend wird diese mit einer selbst erstellten Kurzfassung verglichen. Falls Unterschiede bestehen, steht fest, dass der Inhalt nach der Signierung verändert wurde. Ein weiteres grundlegendes Konzept hinter den Digitalen Signaturen sind Zertifikate, eine Art elektronische Beglaubigung über die Echtheit bestimmter Daten.[21] Zentrale Zertifizierungsstellen versichern, dass ein öffentlicher Schlüssel zu einem bestimmten Namen gehört. Ist dies gewährleistet, besteht kein Zweifel an der Authenti-

---

[18] Vgl. dazu auch Günnewig, Hauser (2002), S. 183.
[19] Vgl. Bechtold (2001), S. 26.
[20] Aus dem digitalen Inhalt wird mit der Hashfunktion eine Prüfsumme ermittelt, in der sämtliche Bits des Inhaltes in genau festgelegter Weise einfließen. Dazu vgl. Bechtold (2001), S. 78.
[21] Vgl. Kelm (1997), S. 147.

zität des Absenders der digitalen Inhalte. Zertifikatsformate binden beispielsweise den Public Key eines Benutzers an Informationen wie den Namen des Schlüsselinhabers und versehen den Key zusätzlich mit einer Gültigkeitsdauer. Damit ist gewährleistet, dass ein bestimmtes Dokument oder digitaler Inhalt zweifelsfrei vom Schlüsselinhaber signiert wurde.

Eine der größten Schwächen von Verschlüsselungsverfahren ist die Anfälligkeit gegenüber Brute-Force-Angriffen. Dabei wird der Versuch unternommen alle möglichen Schlüsselwerte zu testen, um so den richtigen Key zur Dekodierung des Inhaltes zu finden. Daher ist eine angemessene Länge des Schlüssels wichtig, die eine Berechnung aller Kombinationen mit heutigen Rechenkapazitäten erheblich erschwert bzw. verhindert.

Metadaten[22]

Eine erklärte Anforderung an Digital Rights Management-Systeme ist es den Vertrieb digitaler Inhalte vollständig automatisiert zu unterstützen. Dazu benötigt das System Informationen, anhand derer die vorhandenen Inhalte unterschieden und identifiziert werden können. Bei Metadaten für Digital Rights Management-Systeme handelt es sich um Informationen über den Inhalt selbst, den Rechteinhaber, die Nutzungsbedingungen und über den Nutzer. Diese Informationen dienen als Grundlage der automatischen Kommunikation einzelner Systemkomponenten. Einer der wichtigsten Bestandteile der Metadaten sind die Nutzungsbedingungen der Inhalte. Die Informationen über die Bedingungen und Kosten, unter denen bestimmte digitale Inhalte genutzt werden können, sind den oftmals verwendeten Digitalen Containern in so genannten „Rights Expression Languages" beigefügt.[23] Die „Rechtedefinitionssprachen" beschreiben die Art und den Umfang der Nutzungs- und Zugangsrechte, die dem Nutzer gegen bestimmte Bedingungen bzw. Entgelte eingeräumt werden. Die Sprachen ermöglichen eine sehr präzise Steuerung der Nutzungsrechte mit Hilfe von Attributen, so kann beispielsweise festgelegt werden, dass eine bestimmte Datei nur 25 Mal geöffnet werden darf. Eine zentrale Eigenschaft der „Rechtedefinitionssprachen" ist die Tatsache, dass die Rechtearten und deren Attribute in maschinenlesbarer Form vorliegen.[24]

Die Festlegung der Art und des Umfanges der Nutzungsbedingungen hängt von den einzelnen Systemen und den betriebenen Geschäftsmodellen ab. In manchen Systemen

---

[22] „An item of metadata is a relationship that someone claims to exist between two entities", dazu vgl. Becker et al. (2003), S. 27.
[23] Vgl. Günnewig, Hauser (2002), S. 184.
[24] Vgl. Fränkl, Karpf (2004), S. 48.

sind nur zwei Bits dafür vorgesehen, die lediglich festlegen, ob der digitale Inhalt kopiert werden darf oder nicht. Umfangreiche Möglichkeiten der Gestaltung der Nutzungsbedingungen bietet die „eXtensible rights Markup Language (XrML)"[25]. Diese standardisierte, maschinenlesbare Sprache erlaubt es, inhaltliche Beschränkungen der Nutzung digitaler Inhalte zu formulieren, wie z.B. Kopieren, Transfer, Exportieren, Drucken oder Bearbeiten der Inhalte. Des Weiteren ermöglicht XrML, zeitliche und räumliche Beschränkungen durchzusetzen. Die Nutzung kann auf einen bestimmten Zeitraum oder auf eine Zeitspanne festgelegt werden. Räumliche Beschränkungen können sich auf Postleitzahlen oder auch IP-Adressen beziehen.

Digitale Wasserzeichen und Fingerabdrücke

Nachdem die Metadaten definiert sind, stellt sich die Frage wie diese mit den digitalen Inhalten zu verbinden sind. Viele Datenformate enthalten spezielle Bereiche, die für Metadaten reserviert sind, so genannte Header.[26] Allerdings besteht hierbei die Gefahr, dass die Metadaten, da sie getrennt vom eigentlichen Inhalt beigefügt werden, von einem Angreifer entfernt werden und somit die digitalen Inhalte ungeschützt zur Verfügung stehen. Daher streben Anbieter digitaler Inhalte danach, die Metadaten in die Inhalte einzubetten und somit fest miteinander zu verknüpfen. Die Informationen über die Nutzung sollen so mit dem digitalen Inhalt verwoben werden, dass ein Entfernen unmöglich wird, ohne den Inhalt selbst zu beschädigen. Dieses Ziel wird durch digitale Wasserzeichen verfolgt. Es werden spezielle Anforderungen an Wasserzeichen gestellt. Die Veränderungen an den eigentlichen digitalen Inhalten müssen so minimal sein, dass sie für das menschliche Auge oder Gehör nicht wahrnehmbar sind.[27] Dabei sind die Eigenschaften menschlichen Sehens und Hörens besonders zu beachten. Beispielsweise reagiert das menschliche Auge bei Bildern auf Veränderungen in ruhigen Bildbereichen stärker als bei unruhigen. Festzustellen ist, dass das Einbetten von Wasserzeichen in Audiodaten wesentlich schwieriger ist, da das menschliche Gehör sehr sensibel reagiert.[28] Weitere Anforderungen an digitale Wasserzeichen sind die Robustheit der Zeichen und ihre Sicherheit. Darunter wird die Gewährleistung verstanden, dass die Wasserzeichen zum einen nicht mutwillig entfernt werden können und dass sie zum anderen bei notwendigen Bestandteilen der Datenverarbeitung, wie Kompressionen, Formatkonvertierungen oder auch Verschlüsselungsvorgänge unverändert bestehen bleiben.[29] Moderne Wasserzeichen für digitale Bilder sind inzwischen so robust, dass sie sogar beste-

---

[25] Dazu vgl. Bechtold (2001), S. 47ff.; Becker et al. (2003), S. 81ff.
[26] Vgl. Bechtold (2001), S. 53.
[27] Vgl. Günnewig, Hauser (2002), S. 185.
[28] Vgl. Bechtold (2001), S. 56.
[29] Vgl. Rink (1997), S. 164.

hen bleiben, falls das Bild vom Monitor abfotografiert wird.[30] Ein Wasserzeichenalgorithmus gilt als sicher, wenn er obwohl das Einbettungsverfahren und die Position des Zeichens bekannt sind, nicht entfernt oder verändert werden kann. Allerdings wurde bis heute kein vollständig robustes und sicheres Wasserzeichen-Verfahren entwickelt. Das Problem besteht in den konkurrierenden Anforderungen. Zum einen steigt die Wahrnehmbarkeit mit zunehmender Robustheit. Zum anderen sinkt die Robustheit mit steigender Komplexität und Menge der einzubettenden Metadaten bzw. Nutzungsbedingungen.[31] Zusätzlich sind den Verfahren auch durch die enorme Rechenintensität der Verfahren Grenzen gesetzt. Trotz all dieser Komplikationen sind Wasserzeichen ein wichtiger Bestandteil von Digital Rights Management-Systemen, da sie eine dauerhafte Verbindung von Metadaten mit den digitalen Inhalten sichern.

Eine Sonderform der Digitalen Wasserzeichen stellen Digitale Fingerabdrücke dar. Hierbei erfolgt eine nutzerbezogene, individuelle Markierung der Inhalte. Bei einer Verletzung der Nutzungsbedingungen kann so der Täter ermittelt und strafrechtlich belangt werden. Dazu werden Informationen über den Käufer in den digitalen Inhalt mit Hilfe eines Wasserzeichens integriert. Vom technischen Gesichtspunkt her werden individuelle Kennzeichen eines bestimmten Nutzers in digitale Wasserzeichen gespeichert und in eine speziell erstellte Kopie des digitalen Inhaltes eingefügt.[32] Gibt nun ein Nutzer die von ihm erworbenen digitalen Inhalte weiter, können diese auf ihn zurückgeführt und der Verstoß gegen die Nutzungsrechte geahndet werden. Zusätzlich zu den Problemen der Wasserzeichenverfahren kann hier die „Kollusionsattacke" auftreten. Es schließen sich mehrere Nutzer zusammen und versuchen durch einen Vergleich ihrer individuell markierten Fassungen des Inhaltes, die markierten Stellen zu ermitteln. Auf die gewonnen Erkenntnisse aufbauend, versuchen die Nutzer eine Fassung des Inhaltes zu berechnen, die keine individuellen Fingerabdrücke mehr enthält. Die so erstellte Fassung der digitalen Inhalte könnte folglich ohne Bedenken seitens des Raubkopierers an Dritte weitergegeben werden. Trotz dieser Gefahr beseitigt der digitale Fingerabdruck ein gravierendes Problem für Anbieter des digitalen Zeitalters. Aufgrund des Wegfalls von Qualitätsverlusten bei Kopien digitaler Inhalte, waren Original und Kopie bisher nicht unterscheidbar. Der digitale Fingerabdruck ermöglicht dies.

Neben den oben genannten Technologien müssen Digital Rights Management-Systeme zusätzlich über E-Commerce-Komponenten verfügen. Die eingesetzten Systeme ermöglichen es Nutzern, die gewünschten digitalen Inhalte zu identifizieren, die Vertragbe-

---

[30] Vgl. Günnewig, Hauser (2002), S. 184.
[31] Vgl. Bechtold (2001), S. 68.
[32] Vgl. Dittmann (2000), S. 39.

dingungen einzusehen und schließlich den Vertrag abzuschließen.[33] All diese Funktionen sollen computergestützt und nahezu automatisiert ablaufen, um die betriebenen Geschäftsmodelle effizient zu gestalten. Die Abrechnungs- bzw. Zahlungssysteme über die
die Vergütung der Anbieter der digitalen Inhalte geregelt wird, operieren weitgehend
unabhängig von den übrigen Komponenten des Digital Rights Management-Systems.

	Zugangs-kontrolle	Nutzungs-kontrolle	Mgmt. Rechts-verletzungen	Abrechnung
Verschlüsse-lung	sehr gut, Primärzweck	sehr gut, Sekundärzweck	gut – sehr gut	bedingt - gut
Digitale Signa-turen	-	-	sehr gut	-
Rechtedefiniti-onssprachen	sehr gut	sehr gut	kaum	sehr gut, Primärzweck
Digitale Wasserzeichen	bedingt	bedingt	sehr gut	-
Digitale Finge-rabdrücke	bedingt	bedingt	sehr gut, Primärzweck	bedingt - gut

Quelle: Vgl Fränkl, Karpf (2004), S. 53.

Abb. 3.1: Bewertete Komponentenmatrix

Zusammenfassend fällt die Vielfalt der Komponenten eines Digital Rights Management-Systems und die zahlreichen Kombinationsmöglichkeiten dieser auf. Die Wahl der
Komponenten ist stark von dem betriebenen Geschäftsmodell, in dem das System eingesetzt werden soll, abhängig. So muss auch das Maß der gewählten Sicherheitsstufe an
die jeweiligen Inhalte angepasst werden. Es erscheint kaum sinnvoll, wenig sensible
Inhalte durch aufwendige, teuere und rechenintensive Verschlüsselungen zu schützen.
In Abbildung 3.1 findet sich eine Bewertung der möglichen Komponenten eines Digital
Rights Management-Systems hinsichtlich der Erfüllung von vier Aufgabentypen: Zu-
gangs- und Nutzungskontrolle, Management der Rechtsverletzungen und Abrechnung.

3.1.2 Evaluationskriterien für Digital Rights Management-Systeme

Es besteht kein Zweifel darüber, dass die einzelnen Akteure des Digital Rights Management verschiedene Interessen verfolgen und es folglich anhand unterschiedlich ge-
wichteter Kriterien beurteilen. Bei den Kriterien die im Folgenden kurz erläutert wer-

---

[33] Vgl. Bechtold (2001), S. 97.

den, handelt es sich ausschließlich um solche zur Bewertung des Systems als Ganzes und nicht der einzelnen Komponenten.

Die *Benutzerfreundlichkeit* eines Systems ist sowohl für die Anbieter als auch für die Nutzer digitaler Inhalte von großer Bedeutung.[34] Gerade bei dem auf dem Medienmarkt herrschenden Wettbewerb ist es wichtig, den Nutzern einen Vorteil in der Anwendung von Digital Rights Management-Systemen zu präsentieren. Eine hohe Benutzerfreundlichkeit und Flexibilität der Anwendung spielt zur Überzeugung der Nutzer eine bedeutende Rolle. *Vertrauen* in die Systeme ist ein wichtiger Punkt, der vor allem für die Rechteinhaber zählt. Die Gewissheit, dass das System die Rechte angemessen schützt und durchsetzt ist eine der Grundbedingungen für Rechteinhaber, die sie veranlassen, ihre Inhalte digital zu vertreiben. Das wichtigste Kriterium für alle Akteure ist die *Sicherheit* eines Systems. Da über die Digital Rights Management-Systeme ein Güteraustausch vollzogen wird, müssen die wechselseitigen Transaktionen in ausreichendem Maße geschützt sein. Allerdings haben Untersuchungen gezeigt, dass eine 100% Sicherheit vor Angriffen auf die Inhalte nicht gewährleistet werden kann. Weiterhin ist es im Sinne aller Akteure die digitalen Inhalte mit einem angemessenen Maß an Sicherheit zu schützen. Ein angemessenes Maß bedeutet in diesem Zusammenhang, dass die Verhältnismäßigkeit zwischen der Qualität der Sicherheiten und dem Wert der Inhalte gegeben sein muss.

Da mit steigender Robustheit der Systeme die Benutzerfreundlichkeit sinkt, muss ein Trade-off zwischen diesen beiden Kriterien stattfinden. Die *Ausbaufähigkeit* und *Flexibilität* der Systeme spielen gerade aufgrund der dynamischen Entwicklung neuer Geschäftsmodelle eine bedeutende Rolle. Der Onlinevertrieb digitaler Inhalte ist ein relativ neues Geschäftsfeld und die Anbieter werden daher in den kommenden Jahren immer wieder mit neuen Geschäftsideen aufwarten, die es in vorhandene Systeme zu integrieren gilt. Die *technische Umsetzung* eines Digital Rights Management-Systems ist ein weiteres Kriterium. So bedingen die technischen Kapazitäten die Wahl der Systemkomponenten, da sie die Einsatzmöglichkeiten limitieren. Die Länge der gewählten Schlüssel bzw. die Art der Verschlüsselung hängen stark von den eingesetzten Prozessoren ab. Daneben gilt es im Vorfeld zu ermitteln, zu welchen Endgeräten das System kompatibel sein muss. Die *Kompatibilität* der einzelnen Systeme zueinander ist komplementär zur Benutzerfreundlichkeit. Dem Benutzer ist sehr daran gelegen, die erworbenen digitalen Inhalte ohne Konvertierungen auf verschiedenen Geräten einsetzen zu können. Allerdings birgt die Standardisierung der Formate die große Gefahr des Missbrauches der digitalen Inhalte. Die Entwicklung des MP3-Standards hat dies deutlich gezeigt und die

---

[34] Hier und im Folgenden, vgl. Rump (2003), S. 10ff.

Befürchtungen der Rechteinhaber bestätigt. Abschließend sind die Kosten eines Digital Rights Management-Systems zu beurteilen. Dabei spielen für die Akteure verschiedene Kostenarten eine Rolle. Hier sind Lizenzkosten, Bereitstellungskosten der digitalen Inhalte und die Kosten der Implementierung der Technologien zu nennen. Vor allem die Effizienz der Distribution über die Digital Rights Management-Systeme steht hierbei im Vordergrund. Das folgende Kapitel setzt sich intensiver mit den ökonomischen Aspekten auseinander.

3.2 Ökonomischer Aspekt

Die Digitalisierung von Informationen, die starke Verbreitung von Computern und Telekommunikationsnetzwerken und die breite Akzeptanz des Internets sind die entscheidenden Merkmale des heutigen Informationszeitalters. Diese Entwicklungen haben neue Geschäftsmodelle hervorgebracht. Die Wandlung, vor allem der Medienunternehmen, hin zu Multikanal-Anbietern verstärkt die Suche nach neuen Geschäftsfeldern. Viele Unternehmen haben erkannt, dass nur die Kombination mehrerer Absatzkanäle den Ansprüchen der multioptionalen Kunden genügen kann. Der moderne Kunde strebt nach Flexibilität während des Kaufprozesses und er bestimmt wann und wo er mit dem Unternehmen in Kontakt treten möchte. Daher sind insbesondere virtuelle Vertriebswege, wie z.B. das Internet oder Mobiltelefone die Vertriebswege der Gegenwart und Zukunft. Digital Rights Management-Systeme unterstützen den automatischen Vertrieb digitaler Inhalte über Online-Vertriebswege. Gleichzeitig fördern sie durch ihre Vielfalt an technischen Möglichkeiten die Entstehung neuer Geschäftsmodelle. Eine ökonomische Besonderheit des Vertriebes digitaler Inhalte über Digital Rights Management-Systeme ist die Offerierung unterschiedlich differenzierter Angebote derselben Inhalte zu unterschiedlichen Preisen.[35] So kann mit Hilfe der Nutzungsbedingungen, die in den Metadaten den digitalen Inhalten beigefügt werden, beispielsweise festgehalten werden, über welchen Zeitraum oder wie oft ein Produkt benutzt werden darf.

Das Geschäft mit digitalen Inhalten weist einige charakteristische Merkmale auf, die den Einsatz spezieller Geschäftsmodelle, die von Digital Rights Management-Systemen unterstützt werden, fordern. Die Ersterstellung digitaler Inhalte, wobei es sich zumeist um immaterielle Vermögensgegenstände handelt, ist sehr aufwendig und zugleich sehr Fixkostenintensiv, während weitere Kopien des Originals nur verschwindend geringe variable Kosten verursachen und vom arbeitstechnischen bzw. zeitlichen Aufwand her zu vernachlässigen sind.[36] Zur gleichen Zeit bedingt die Distribution der digitalen Inhal-

---

[35] Vgl. Becker et al. (2003), S. 16.
[36] Vgl. Becker et al. (2003), S. 274.

te ebenfalls nur sehr niedrige Kosten. Ein wichtiges Merkmal digitaler Inhalte ist, dass ihnen keine Verschleißerscheinungen widerfahren Daher führen Kopien nicht mehr, wie es beispielsweise bei Audiokassetten der Fall ist, zu Qualitätsverlusten. Somit können digitale Inhalte ohne weiteres von mehreren Nutzern gleichzeitig, auf gleich bleibendem Qualitätsniveau verwendet werden. Während die Distributionskosten der digitalen Inhalte sehr gering sind, entstehen den Anbietern digitaler Inhalte hohe Kosten durch Raubkopien. Zum einen verursachen Raubkopien direkte Kosten, da aufwendige Kopierschutztechniken entwickelt werden. Zum anderen löst die Verbreitung illegaler Kopien über Online-Tauschbörsen Umsatzeinbußen in Milliardenhöhe aus.

Die Besonderheiten des Vertriebes digitaler Inhalte und die enormen Umsatzeinbußen, die vor allem die Medienindustrie in Folge der zunehmenden Anzahl illegaler Kopien und Verbreitung digitaler Dateien über Online-Tauschbörsen erleidet, führten zu einem Strategiewandel bei den Anbietern digitaler Inhalte. Es wird der Versuch unternommen, auch nach dem Verkauf digitaler Inhalte, diese zu kontrollieren und eine Fremdnutzung beispielsweise durch eine Weitergabe über Online-Tauschbörsen zu verhindern. Sie sollen den Nutzern nicht mehr frei zur Verfügung und damit auch frei zur Weitergabe an Dritte gestellt werden. Stattdessen soll mit Hilfe der Digital Rights Management-Systeme und Kopierschutzverfahren soll verhindert werden. Experten zufolge ist die Zeit des „what you buy is, what you own" vorbei.[37] Der Trend geht verstärkt hin zu A-bonnementmodellen Je nach Geschäftsmodell kann der Anbieter seine Inhalte im A-bonnement anbieten, die Nutzungen einzeln in Rechnung stellen oder einen bestimmten Nutzungsrahmen forcieren. Somit werden Bücher, Musikstück und Videos sowie Software nicht mehr verkauft, sondern lizenziert.[38] Dies eröffnet z.B. einem Platten-Label die Möglichkeit verschiedene Varianten einer neuen Single zu veröffentlichen. Etwa eine Version zum einmaligen Reinhören für wenige Cent, eine zum Speichern auf der Festplatte und eine deutlich teurere, die auch auf portable Player übertragbar ist. Die Musikindustrie setzt solche Lizenzverträge bereits mit Hilfe von Digital Rights Management um. Für eine monatliche Abonnementsgebühr erhält ein Nutzer Dateien, die beispielsweise nach 30 Tagen wieder verfallen, wenn die Lizenz nicht erneuert wird.[39] Bei Musicnet zahlen Kunden einen monatlichen Sockelbetrag und haben dadurch Anspruch auf eine feste Anzahl von Musikstücken zum anhören und herunterladen.[40] Je nach Form des Abonnements ist das Brennen von CDs erlaubt oder nicht. Diese Geschäftsmodelle lassen sich beliebig erweitern, da die technische Realisierung differen-

---

[37] Vgl. Roos (2002), S. 1.
[38] Vgl. Günnewig, Hauser, Himmelein (2002), S. 19.
[39] Vgl. Himmelein, Schmitz (2002), S. 87.
[40] Vgl. Günnewig, Hauser, Himmelein (2002), S. 20.

zierter Nutzungsbedingungen mit Hilfe der Metadaten relativ flexibel und komplikationsfrei umsetzbar ist.

Das Problem besteht daher weniger in der technischen Realisierung der Geschäftsmodelle, als vielmehr in deren Vermarktung und der Akzeptanz durch die Nutzer. So sind laut einer Umfrage 75% der Nutzer nicht bereit für digitale Inhalte, die sie über Online-Kanäle beziehen, zu zahlen.[41] Unter den Visionären des „digitalen Content-Zeitalters" herrscht Einigkeit darüber, dass der Vertrieb digitaler Inhalte nur durch Zusatznutzen erfolgreich sein kann. Es ist schwer die Nutzer von ihrem „Recht auf Privatkopien"[42] und der freien Verfügbarkeit über die erworbenen Inhalte abzubringen. Dies ist nur durch besondere Anreize möglich. Die individuelle Verfügbarkeit von Inhalten zu jeder Zeit und an jedem Ort ist einer der Vorteile, die zu einer steigenden Akzeptanz der neuen Geschäftsmodelle bei den Nutzern führen könnten. Als ein weiterer Zusatznutzen könnte die hohe Aktualität der digitalen Inhalte kommuniziert werden. Im Gegensatz zu vielen aus Online-Tauschbörsen stammenden digitalen Inhalten haben kommerzielle Online-Dienste zudem den Vorteil, schnelle Downloads in makelloser Qualität zu bieten.[43]

Die Akzeptanz der Systeme ist heute immer noch nicht so hoch wie von den Anbietern erwünscht. Dies liegt vor allem an der Tatsache, dass die Bedienung meist zu umständlich ist. So muss sich ein Nutzer zunächst aufwendig anmelden, um in der Lage zu sein Nutzerverträge abzuschließen. Viele Kritiker werfen den Unternehmen zudem vor durch die von Digital Rights Management-Systemen ermöglichten Geschäftsmodelle, die bestehende Rechtslage vor allem im Bezug auf Datenschutz zu verletzen. Die Anbieter können ihre Nutzungsbedingungen kompromisslos durchsetzen, da der Kunde keine Wahl hat, außer das Kleingedruckte anzunehmen. Es ist daher die Aufgabe des Gesetzgebers, den Anwender vor Missbrauch der technischen Möglichkeiten durch Digital Rights Management seitens der Anbieter digitaler Inhalte zu schützen.

3.3   Juristischer Aspekt

Zur Einführung von Digital Rights Management-Systemen auf breiter Basis benötigen die Anbieter digitaler Inhalte eine rechtliche Grundlage zur Umsetzung ihrer Geschäftsmodelle. Eine Grundlage für die technische Umsetzung der digitalen Rechteverwaltung ist durch das Urheberrecht gegeben. Die Geschichte des Urheberrechts war

---

[41]   Vgl. Roos (2002), S. 1.
[42]   Vgl. dazu Abschnitt 3.3
[43]   Vgl. Hansen (2002), S. 70.

immer eng verbunden mit technologischen Entwicklungen im Bereich der Reproduktion von schöpferischen Werken. So ist die Erstformulierung des ursprünglichen Urheberrechts als eine Konsequenz des Gutenbergschen Buchdrucks anzusehen.[44] Das Urheberrecht hat im Kern zwei Aufgaben. Die objektive Aufgabe ist der Schutz bestimmter, kultureller Geistesschöpfungen.[45] Die subjektive Aufgabe ordnet ein Werk seinem Urheber[46] zu und sichert ihm bestimmte Rechte daran. Die Rechte des Urhebers, die sich auf die Nutzung, Veröffentlichung und Verwertung des Werkes beziehen, stehen ihm direkt – unmittelbar nach der Schöpfung des Werkes - und registrierungsunabhängig zu.[47] Darin liegt ein entscheidender Unterschied zu Patenten oder Marken, die einer Eintragung in ein Register bedürfen. Aus einer gesamtgesellschaftlichen Perspektive heraus hat das Gesetz den Zweck, zum geistigen, kulturellen und kulturwirtschaftlichen Fortschritt beizutragen. Aus der individuellen Perspektive sichert es dem Urheber den Lohn für seine Arbeit der Werkschöpfung.[48]

Digitale Technologien haben die Reproduktion von Inhalten und die Verwertung der Rechte daran, wie seit Gutenbergs Buchdruck nicht mehr geschehen, revolutioniert.[49] Aufgrund der heute existierenden, technischen Möglichkeiten zur Vervielfältigung von digitalen Inhalten findet eine Verschiebung der Reproduktionsaktivitäten vom Anbieter der Inhalte zu den Konsumenten statt. Jeder Besitzer eines Computers hat heute die Möglichkeit, Kopien von digitalen Inhalten herzustellen. Der entscheidende Unterschied zu analogen Kopien wie z.B. durch Audiokassetten besteht in der Gewährleistung perfekter Qualität bei zu vernachlässigendem Kosten- und Zeitaufwand. Diese Entwicklungen, im Speziellen die zunehmende Anzahl an illegalen Kopien, haben eine umgehende Reformierung des Urheberrechts zum Schutz der Rechteinhaber erfordert. Aufgrund der weltweiten Vernetzung und Ubiquität des Internets hat die Anpassung des Urheberrechts zudem einen globalen Charakter erhalten. Mit dem Ziel eine internationale Basis und gleichzeitig eine gleichförmige nationale Regelung von Urheberrechtsfragen zu erreichen, wurden 1996 zwei Verträge durch die WIPO[50] verabschiedet. Die Verträge haben den Zweck international geltenden Schutz von digitalen Rechten zu gewährleisten. Infolgedessen wurde in den USA 1998 der „Digital Millenium Copyright Act" verabschiedet, um das Recht mit den von WIPO geschlossenen Verträgen in Einklang zu bringen.[51] Die EU brachte im Jahr 2001 eine Richtlinie heraus, die die Mitgliedstaaten

---

[44] Vgl. Becker et al. (2003), S. 479.
[45] Vgl. Bechtold (2001), S. 148.
[46] Urheber ist der Schöpfer eines Werkes. Vgl. Fränkl, Karpf (2004), S. 67.
[47] Vgl. Fränkl, Karpf (2004), S. 57.
[48] Vgl. Bechtold (2001), S. 148.
[49] Vgl. Becker et al. (2003), S. 487.
[50] World Intellectual Property Organization
[51] Vgl. Becker et al. (2003), S. 491.

dazu verpflichtete die Bedingungen der WIPO-Verträge zu erfüllen und zusätzlich den Zweck verfolgte die vielen Ausnahmen und Sonderregelungen des Urheberrechts der einzelnen EU-Staaten zu harmonisieren.

Am 12.September 2003 trat in Deutschland das „Gesetz zur Regelung des Urheberrechts in der Informationsgesellschaft" in Kraft. Die Reform des Urheberrechtsgesetzes ist zum einen eine Umsetzung der EU-Richtlinie und gleichzeitig ist es ein Versuch, sich den Herausforderungen, die durch die digitale Technologie entstanden sind, anzunehmen. Insgesamt fand eine Akzentverschiebung und streckenweise auch eine Verschärfung des bis dato geltenden Rechts statt. Ein wichtiger Paradigmenwechsel wurde vollzogen. Nach deutschem Recht ist im Grundsatz alles zugelassen, was nicht ausdrücklich verboten ist. Nach der EU-Richtlinie jedoch, gilt nun bei der Nutzung urheberrechtlich geschützter Werke alles als verboten, was nicht explizit erlaubt ist.[52] Neu ist auch der Schutz vor der Umgehung technischer Schutzmaßnahmen an sich (§95a UrhG). Bisher stellte das Aushebeln einer technischen Maßnahme nur einen Gesetzesverstoß dar, falls es einem Rechtsbruch dienen sollte. Das bedeutet, dass jetzt das reine Brechen von Schutzmaßnahmen digitaler Inhalte auch ohne deren weitere Verbreitung bereits strafbar ist. Damit ist mit §95a UrhG die Rechtsgrundlage für Digital Rights Management-Systeme geschaffen.[53] Dieses Gesetz steht allerdings in Konflikt zu der Duldung von Privatkopien nach §53 UrhG. Darin ist festgehalten, dass die Erstellung digitaler Vervielfältigungen zum privaten und sonstigen eigenen Gebrauch geduldet ist. Das Gesetz definiert allerdings nicht genau, wie weit der private bzw. eigene Gebrauch reicht und bietet daher Raum für Spekulationen.[54] Da es sich um eine Duldung und kein einklagbares Recht handelt, dürfen die Nutzer nicht mehr gegen technische Schutzmaßnahmen vorgehen.

Kritiker argumentieren, dass folglich der Kunde den Anbietern digitaler Inhalte völlig ausgeliefert ist und auch rechtlich prinzipiell erlaubte Verwendungsmöglichkeiten durch Digital Rights Management-Systeme verhindert werden. Doch es wurden auch die Exklusivrechte der Rechteinhaber eingeschränkt. So können diese nicht mehr die Nutzung ihrer Werke grundsätzlich verbieten, sondern haben nur den Anspruch auf eine angemessene Vergütung, die sie geltend machen können. Von außerordentlicher Bedeutung ist dies vor allem für die Forschung, da wichtige Arbeiten, die zum Fortschritt anderer Forscher beitragen könnten, nicht mehr zurückgehalten werden dürfen. Die Vergütung der Urheber wird durch so genannte Verwertungsgesellschaften geltend gemacht. Die Gesellschaften vereinbaren mit den Herstellern von Aufnahme- und Kopiergeräten Ab-

---

[52] Vgl. Himmelein, Schmitz (2002), S. 85.
[53] Vgl. Fränkl, Karpf (2004), S. 76.
[54] Vgl. Himmelein, Schmitz (2002), S. 83.

gaben, die über die Verkaufspreise der Geräte an die Käufer weitergegeben werden. Die Abgaben beinhalten somit die Entgelte für die Privatkopien der Gerätekäufer an die Urheber. Schließlich ist festzustellen, dass nach heutigem Recht sowohl die Bereitstellung von Inhalten für Online-Tauschbörsen als auch das Beziehen von digitalen Inhalten über diese Tauschplätze illegal ist.[55]

3.4   Bewertung der Säulen des Digital Rights Managements

Das harmonische Zusammenspiel der drei Säulen ist die Grundlage für ein erfolgreiches Digital Rights Management. Mit der Reform des Urheberrechts im Jahr 2003 ist ein wichtiger Schritt zur Legalisierung und konsequenten Umsetzung der Systeme geschaffen worden. Von besonderer Bedeutung ist, dass bereits das Brechen des technischen Schutzes der digitalen Inhalte unter Strafe gestellt wurde (§95a UrhG). Vom technischen Gesichtspunkt her ist die Umsetzung der digitalen Rechteverwaltung sehr weit fortgeschritten, dennoch bleibt es unrealistisch einen 100% Schutz der digitalen Inhalte vor Angreifern zu erreichen. Unter ökonomischen Gesichtspunkten ist es zudem nicht ratsam, stets den höchstmöglichen Schutz zu gewährleisten, da die Verhältnismäßigkeit von technischem Aufwand und Wert der digitalen Inhalte im Hinblick auf die Kosten gegeben sein muss. Für die Anbieter Digitaler Inhalte ist eine konsequente und erfolgreiche Umsetzung der Systeme sehr viel versprechend, da sich dadurch neue Geschäftsmodelle eröffnen. Gerade der aufkommende Trend hin zu Abonnement- und Lizenzierungsmodellen wurde erst durch die technischen Möglichkeiten der Digital Rights Management-Systeme ermöglicht. Doch existieren auch Akzeptanzprobleme dieser Modelle, sowohl von Seiten der Nutzer als auch des Gesetzgebers. Durch die nun möglich gewordene Verknüpfung von personenbezogenen Kundendaten und Informationen über die gekauften Inhalte, lassen sich umfangreiche Nutzerprofile zu Marketingzwecken erstellen. Diese Profilerfassung und deren Missbrauch stehen im Widerspruch zum deutschen Datenschutzgesetz. Zudem bleibt abzuwarten, in wieweit die Käufer digitaler Inhalte die Einschränkungen hinsichtlich der Nutzung und Portabilität dieser akzeptieren werden.

---

[55]   Vgl. Himmelein, Schmitz (2002), S. 84.

4 TCPA[56] und Palladium

Prinzipiell funktionieren die meisten Digital Rights Management-Systeme auf die glei-
che Art und Weise. Das Zusammenspiel der verschiedenen Technologien soll kurz an
einem allgemein gefassten Beispiel dargestellt werden.

Zunächst bringt ein Unterhaltungskonzern einen zu schützenden Inhalt in das Digital
Rights Management-System ein, z.B. ein Musikstück. Dieses wird in einen digitalen
Container gepackt, der in einer Content-Datenbank zusammen mit den Metadaten gespeichert wird. Durch den Abschluss eines Nutzungsvertrages bestellt ein Kunde das
Musikstück. Ein „Clearing House"[57] nimmt die Bestellung einschließlich der angefor-
derten Nutzungsrechte entgegen und entnimmt den öffentlichen Schlüssel des Kunden
einer Datenbank. Die finanzielle Seite der Bestellung wickelt entweder ebenfalls das
Clearing House ab oder der Anbieter der E-Commerce-Plattform. Daraufhin übermittelt
das Clearing House den öffentlichen Schlüssel und die Rechteinformationen an den
Anbieter der Inhalte. Dieser erstellt nun eine individuell für den Kunden verschlüsselte
Datei und schaltet die bezahlten Nutzungsrechte frei. Der Nutzer lädt die Dateien vom
Anbieter auf seinen Rechner. Schließlich entschlüsselt eine Client-Software oder ein
Plug-in mit Hilfe des privaten Schlüssels des Anwenders die Musik zur Wiedergabe.

Die TCPA ist eine von mehreren Firmen der Computerindustrie (u.a. Compaq, HP,
IBM, Intel, Microsoft) gegründete Initiative, mit dem Ziel Sicherheitsmechanismen direkt in die PC-Hardware zu integrieren. Künftige PC-Generationen sollen standardisiert
mit einem speziellen Sicherheitschip ausgestattet und dadurch zu einer „sicheren Plattform" werden.[58] Der zentrale Baustein des TCPA-Konzepts das TPM[59] ist ein integrier-
ter Chip[60] der die Aufgaben sowohl der Benutzerauthentifizierung und identifikation als
auch der Verschlüsselung wahrnehmen soll. Der Fritz-Chip erzeugt asymmetrische
Schlüssel und überprüft empfangene Zertifikate auf deren Gültigkeit. Des Weiteren ist
er in der Lage Manipulationen an Hard- und Software zu erkennen. Das TCPA-Konzept
beruht auf der grundsätzlichen Annahme, dass ein Rechner so lange eine feindliche
Umgebung ist, bis der Fritz-Chip bestätigt, dass dieser sicher ist. Erst dann lassen sich

---

[56] „Trusted Computing Platform Alliance"; inzwischen eigenständige Firma unter dem Namen
„Trusted Computing Group"
[57] Zentrale Informationsvermittlung für den Erwerb der notwendigen Nutzungsrechte
[58] Vgl. Himmelein (2002), S. 18.
[59] „Trusted Platform Module"
[60] Auch bekannt als „Fritz-Chip". Benannt nach dem US-Senator Fritz Hollings, der ein Lobbyist der
Unterhaltungsindustrie ist.

geschützte digitale Inhalte wiedergeben.[61] Bereits hier zeigt sich deutlich die Relevanz des Konzepts für die Realisierung von Digital Rights Management.

Jedes TCPA-geschützte System erhält eine eindeutige ID, anhand derer es sowohl identifiziert werden kann, als auch seine Daten authentifiziert. Bei jedem Start des PCs wird zuerst der Fritz-Chip aktiviert; dieser überprüft daraufhin das BIOS.[62] Im Folgenden testet der Chip alle Bios-Erweiterungen der Steckkarten im Rechner, bevor der Prozessor auf sie zugreifen darf. Der TCPA-Chip speichert bei jedem Schritt eine Prüfsumme und bewertet den Zustand des Computers. Die Prüfsumme, die einen 160 Bit langen, eindeutigen Wert darstellt, wird aus einem beliebig langen Datenstrom und einem Schlüssel ermittelt. Sobald das BIOS geändert oder ein anderer Schlüssel verwendet wird, ergibt sich eine andere Prüfsumme und der Chip schlägt Alarm. Im nächsten Schritt werden die einzelnen Hardware-Komponenten und die Gerätetreiber überprüft. Falls der Anwender neue Hardware eingebaut hat, ist das System nicht mehr TCPA-konform und muss neu von der TCPA-Zentrale zertifiziert werden. Wurde der Computer als TCPA-konform erkannt, startet das Betriebssystem. Ruft der Benutzer ein Programm auf, wird dieses ebenfalls auf Konformität geprüft. Dazu werden Listen mit Seriennummern, Lizenzen und gesperrte Inhalte[63] von einem zentralen Server geladen, um sie mit den Daten des Programms und verwendeten digitalen Inhalten abzugleichen. Sobald diese Prüfung erfolgt ist, kann der Anwender mit dem Programm und den Dateien arbeiten.

Microsoft verfolgt einen, dem TCPA-Konzept ähnlichen, Ansatz namens Palladium[64], der bereits Bestandteil der nächsten Windows-Version sein soll. Zunächst erscheinen die beiden Konzepte zur Gewährleistung einer erhöhten Sicherheit der Computer als sehr viel versprechend. Sämtliche Sicherheitsfunktionen werden fest direkt im Betriebssystem verankert und erschweren somit Angriffe. Doch die Hersteller verleugnen den eigentlichen Grund und die Möglichkeiten dieser Systeme. Sie eignen sich hervorragend zur digitalen Rechteverwaltung. Das gesicherte Betriebssystem blockiert Programme und digitale Inhalte mit fehlenden Zertifikaten und ermöglicht dadurch den Rechteinhabern die manipulationsfreie Durchsetzung ihrer Nutzungsbedingungen. Microsofts Palladium erlaubt dem Anwender folglich nur den Gebrauch von lizenzierter Software und die Nutzung von digitalen Inhalten, die er legal besitzt.[65] Dies hat zur Folge, dass Microsoft zentral darüber verfügen kann, was der Anwender mit seinem Computer nut-

[61] Vgl. Himmelein (2002), S. 18.
[62] Vgl. hier und im Folgenden Plura (2002a), S. 205.
[63] Auch als „schwarze Listen" bekannt. Vgl. Plura (2002b), S. 187.
[64] Inzwischen auch unter dem Namen „Next Generation Secure Computing Base (NGCB)" bekannt.
[65] Vgl. Plura (2002b), S. 186.

zen darf und was nicht. Allerdings leugnet Microsoft hartnäckig, dass Palladium zu Digital Rights Management Zwecken eingesetzt werden soll.

Das Unternehmen erklärt seine Absichten, mit Palladium nur zertifizierte Anwendungen ausführen zu wollen mit dem Ziel Datensicherheit und Schutz vor Viren und Würmern zu erreichen. Doch Palladium verschafft Microsoft nebenbei einen entscheidenden Wettbewerbsvorteil. Da das Unternehmen über die Vergabe von Zertifikaten entscheidet, können Konkurrenzprodukte ausgeschlossen werden. Ein weiterer ökonomischer Aspekt des Konzepts ist die Tatsache, dass Palladium, um Sicherheit zu gewähren, neben Dokumenten auch die Programme anhand der Hardware-ID verschlüsseln muss. Somit wird die Software untrennbar an die Hardware gebunden und kann vom Nutzer nicht einmal mehr weiterverkauft werden.[66] Damit würde Microsoft ein lang verfolgtes Ziel erreichen, nämlich unübertragbare Software.

Sicherheitsexperten werfen die Frage auf, warum Microsoft die Fähigkeit besitzen sollte, ein in diesem Ausmaß sicheres System zu entwickeln. Die Probleme der Microsoft Betriebssysteme hätten gezeigt, dass das Unternehmen dazu nicht in der Lage sein wird. Ein zusätzliches Sicherheitsrisiko stellen bei den beiden vorgestellten Systemen die Server dar, die über die Listen mit Seriennummern, Lizenzen und gesperrten Inhalten verfügen. Ein erfolgreicher Angriff und die Manipulation der Listen hätten weit reichende Folgen. Als fatal aus finanzieller Sicht einzuschätzen wären Fehler in der Hardware, die für eine Behebung einen Austausch erfordern würden. Auch unter juristischen Gesichtspunkten ist die Umsetzung von TCPA bzw. Palladium kritisch zu bewerten. Der Nutzer ist den Herstellern gewissermaßen ausgeliefert. Durch Nutzerverträge setzen die Unternehmen den Anwendern zustehende Rechte außer Kraft und fügen den Verträgen Zusätze am Rande der Legalität bei. So hat sich Microsoft beispielsweise bereits in einem einem Sicherheits-Update beigefügten Lizenzvertrag stillschweigend das Recht zusichern lassen, ohne Rückfrage auf den Rechner des Anwenders Updates zur Digital Rights Management-Funktion zu laden.[67]

---

[66] Vgl. Plura (2002a), S. 207.
[67] Vgl. Himmelein (2002), S. 20.

5   Fazit

Der Einsatz von Digital Rights Management-Systemen ist heutzutage für die Anbieter digitaler Inhalte unausweichlich geworden. Grund dafür ist die stetig steigende Anzahl illegaler Kopien, die erhebliche Umsatzeinbußen für die Unternehmen verursachen. Die digitale Rechteverwaltung ermöglicht es Rechteinhabern, den Zugang und die Nutzung der digitalen Inhalte nachhaltig zu kontrollieren. Dazu wird der Schutz digitaler Rechte zunehmend durch technische Mechanismen, Nutzungsverträge und Technologie-Verträge gesichert. Digital Rights Management-Systeme übernehmen faktisch die Aufgaben, die vom Gesetzgeber wahrgenommen werden sollten. Da das Recht diesen Aufgaben nicht nachkommen kann, werden Unternehmen aufgrund einer rechtlichen Technikgestaltung zum Selbstschutz befähigt. Somit ist die Aufgabe des Rechts in Digital Rights Management-Systemen weniger selbst ausreichenden Schutz zu gewährleisten, als viel mehr Rahmenbedingungen für technische Verfahren zu setzen, Lücken im technischen und vertraglichen Schutz zu schließen und vor allem zu weit gehende Schutzmechanismen zu beschränken.[68]

Inhalteanbietern kommt dies sehr gelegen, da sie dadurch flexibleren und individuelleren Schutz als durch das pauschalisierende Urheberrecht erreichen können. Abhängig vom betriebenen Geschäftsmodell kombinieren die Anbieter die Komponenten der Digital Rights Management-Systemen. Die Reform des Urheberechts im Jahre 2003 hat vor allem mit dem §95 UrhG[69] den Unternehmen die Durchsetzung neuer Geschäftsmodelle ermöglicht. Die Anbieter digitaler Inhalte sind nun in der Lage, Nutzungsverträge mithilfe technischer Schutzmechanismen durchzusetzen, die teilweise sogar über die gesetzlich zugesicherten Rechte hinausgehen und wie im Falle der per Gesetz geduldeten Privatkopie auch Rechte der Nutzer beschränken.

Medienkonzerne intensivieren daher ihre Strategie, lukrative Abonnementmodelle einzuführen, die eine Mehrfachverwertung der gleichen digitalen Inhalte ermöglichen. Dennoch hängt der ökonomische Erfolg von Digital Rights Management-Systemen stark von der Akzeptanz der Nutzer ab. Zum einen muss ein Mehrwert in deren Anwendung erkennbar sein, zum anderen ist die Balance zwischen technischen Möglichkeiten und Benutzerfreundlichkeit der Systeme zu wahren. Nur dann werden die Nachfrager digitaler Inhalte die Einschränkungen in der Nutzung akzeptieren. Die große Gefahr des Digital Rights Managements liegt im Missbrauch der umfangreichen technischen Möglichkeiten, der zu Datenschutzverletzungen und Manipulationen der Nutzer führen kann.

---

[68]   Vgl. Bechtold (2001), S. 447.
[69]   Illegalität des Brechens eines technischen Schutzes digitaler Inhalte, vgl. 3.3

Literaturverzeichnis

BECHTHOLD, S. (2001): *Vom Urheber- zum Informationsrecht*, München.

BECKER, E.; BUHSE, W.; GÜNNEWIG, D.; RUMP, N. (2003): *Digital Rights Management*, Berlin, Heidelberg.

DITTMANN, J. (2000): *Digitale Wasserzeichen*, Berlin.

FRÄNKL, G.; KARPF, P. (2004): *Digital Rights Management Systeme*, München.

GÜNNEWIG, D.; HAUSER, T. (2002): *Musik im Hochsicherheitstrakt – Digital Rights Management*, in: c't, Nr. 16, S. 182.

GÜNNEWIG, D.; HAUSER, T.; HIMMELEIN, G. (2002): *Digitale Rechte am Scheideweg – Rechtsschutz für DRM-Systeme in den Bundestag eingebracht*, in: c't, Nr. 17, S. 18.

HANSEN, S. (2002): *Musik mit weißer Weste – Kommerzielle Musikangebote im Netz*, in:c't, Nr. 16, S. 70.

HAUSER, T. (2003): *Finger weg – DRM-Systeme in der Praxis*, in: c't, Nr. 6, S. 234-237.

HIMMELEIN, G. (2002): *Der digitale Knebel – Intel und Microsoft wollen Daten vor dem Anwender schützen*, in: c't, Nr. 15, S. 18.

HIMMELEIN, G. (2001): *Geschenk mit Pferdefuß - Rights Management im Online-Fanclub*, in: c't, Nr. 13, S. 39.

HIMMELEIN, G.; SCHMITZ, P. (2002): *Fast alles ist verboten - Der Rechtsstatus von Privatkopien vor der Umsetzung der EU-Richtlinie*, in: c't, Nr. 2, , S. 82.

KELM, S. (1997): *Herrschende Richtlinien*, in: iX, Nr. 4, S. 146.

KLÄHN, H.; KOOP, A.(2001): *Presswerk*, in: iX, Nr. 7, S. 92.

KÖNIG, M. (2001): *Kopierschutz auf Audio-CD rechtswidrig?*, in: c't, Nr. 22 , S. 56.

PLURA, M. (2002A): *Der versiegelte PC – Was steckt hinter TCPA und Palladium?*, in: c't, Nr. 22, S. 204.

PLURA, M. (2002B): *Der PC mit den zwei Gesichtern – TCPA und Palladium – Schreckgespenster oder Papiertiger,* in:c't, Nr. 24, S. 186.

RINK, J. (1997): *Bildergeschichten – Digitale Wasserzeichen unterstützen den Urheberrechtsschutz im Internet,* in: c't, Nr. 8, S. 162.

ROOS, UTE (2002): *Virtuelles Hausrecht,* 2. Digital Rights Management Conference 2002.

SMITH, R. (1998): *Internet-Kryptographie,* Bonn.

SPIESECKE, H. (2002): *Interview,* in:c't, Nr. 2, S. 87-89.

WENZ, CH. (2003): *Ohren auf den Schienen – Umgehungsmöglichkeiten für DRM-Schutzmechanismen,* in: c't, Nr. 6, S. 238.

WHATIS.COM (2004). http//www.whatis.com Abrufdatum 2004-06-03.

ZOTA, V.; HANSEN, S.; HIMMELEIN, G.(2001): *Frustscheiben – Abspielschutz für Audio-CDs verärgert Kunde,* in: c't, Nr. 22, S. 52.

Erklärung

Ich versichere hiermit, dass ich meine Seminararbeit *Digital Rights Management* selbstständig und ohne fremde Hilfe angefertigt habe, und dass ich alle von anderen Autoren wörtlich übernommenen Stellen wie auch die sich an die Gedankengänge anderer Autoren eng anlegenden Ausführungen meiner Arbeit besonders gekennzeichnet und die Quellen zitiert habe.

Münster, den 10. August 2005   _____